AF221791

Impressum
Verlag: BABADADA GmbH, Nedderfeld 112 , 22529 Hamburg
Geschäftsführer / Verlagsleitung: Harald Hof
Druck: Books on Demand GmbH, In de Tarpen 42, 22848 Norderstedt

Imprint
Publisher: BABADADA GmbH, Nedderfeld 112 , 22529 Hamburg, Germany
Managing Director / Publishing direction: Harald Hof
Print: Books on Demand GmbH, In de Tarpen 42, 22848 Norderstedt, Germany

ትምህርት ቤት

shkolla

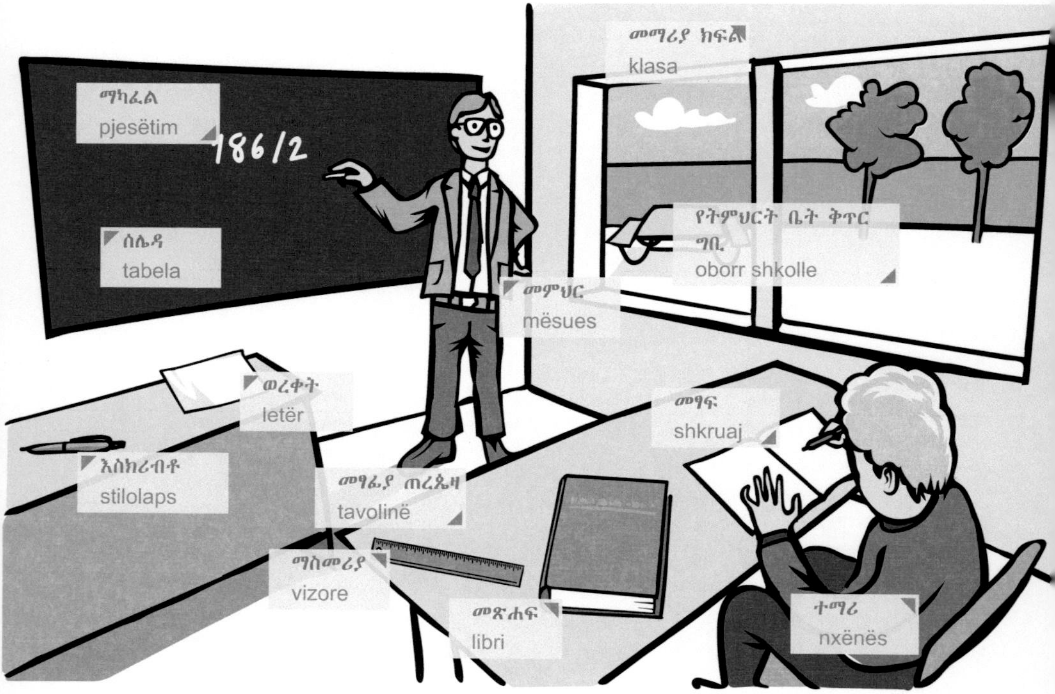
መማሪያ ክፍል
klasa
ማካፈል
pjesëtim
186/2
ሰሌዳ
tabela
የትምህርት ቤት ቅጥር ግቢ
oborr shkolle
መምህር
mësues
ወረቀት
letër
መፃፍ
shkruaj
እስክሪብቶ
stilolaps
መፃፊያ ጠረጴዛ
tavolinë
ማስመሪያ
vizore
መጽሐፍ
libri
ተማሪ
nxënës

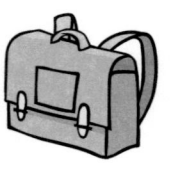

የጀርባ ቦርሳ

çantë

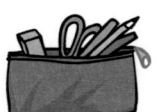

የእርሳስ መያዣ

mbajtëse lapsash

እርሳስ

laps

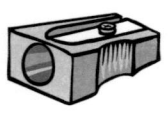

የእርሳስ መቅረጫ

mprehës lapsash

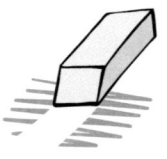

ላጲስ

gomë

የስዕል ደብተር

fletore vizatimi

ስዕል

vizatim

የቀለም ብሩሽ

penel

የቀለም ሳጥን

kuti bojërash

መቀስ

gërshërë

ማጣበቂያ

ngjitës

መልመጃ ደብተር

fletore detyrash

የቤት ስራ

detyrë shtëpie

12

ቁጥር

numër

2+2

መደመር

mbledh

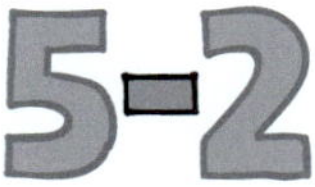

5-2

መቀነስ

zbres

2×2

ማባዛት

shumëzoj

ቁጥሮችን ማስላት

llogaris

A

ደብዳቤ

gërmë

ABCDEFG HIJKLMN OPQRSTU VWXYZ

ፊደላት

alfabeti

ቃል

fjalë

ፅሑፍ

tekst

ማንበብ

lexoj

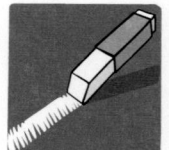

ጠመኔ

shkumës

ትምህርት

mësim

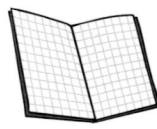

ምዝገባ

regjistër

ፈተና

provim

ሰርተፊኬት

çertifikatë

የትምህርት ቤት የደንብ ልብስ

uniformë shkolle

ትምህርት

arsimim

አዉደ ጥበብ

enciklopedia

ዩኒቨርስቲ

universitet

የምርምር አጉሊ መሳርያ

mikroskop

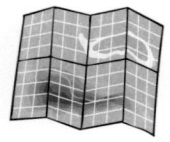

ካርታ

hartë

የቆሻሻ ወረቀት መጣያ ቅርጫት

kosh letrash

ጉዞ
udhëtim

ሆቴል
hotel
Grand
ማረፊያ ቤት
bujtinë
ROOMS
የዉጭ ገንዘብ ምንዛሪ ቢሮ
pikë këmbimi valutor
CHANGE
ልብስ መያዣ
ሻንጣ
valixhe
መኪና
makinë

ቋንቋ

gjuhë

አዎ/ አይደለም

po / jo

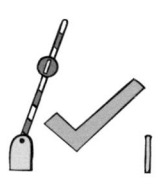

እሺ

Në rregull

ሰላም

ç'kemi

አስተርጓሚ

përkthyes

አመሰግናለሁ

Faleminderit

ስንት ነዉ.......?

sa kushton...?

አልገባኝም

nuk e kuptoj

እክል

problem

እንደምን አመሹ!

Mirëmbrëma!

እንደምን አደሩ!

Mirëmëngjes!

መልካም ምሽት!

Natën e mirë!

ደህና ይሰንብቱ

mirupafshim

አቅጣጫ

drejtim

ሻንጣ

bagazhet

ቦርሳ

çantë

የጀርባ ቦርሳ

çantë shpine

እንግዳ

mysafir

ክፍል

dhomë

የመተኛ ቦርሳ

thes gjumi

ድንኳን

tendë

የጎብኚዎች መረጃ

informacion për turistët

የባህር ዳርቻ

plazh

ክሬዲት ካርድ

kartë krediti

ቁርስ

mëngjes

ምሳ

drekë

እራት

darkë

ቲኬት

Biletë

አሳንሰር

ashensor

ማህተም

pulla

ድንበር

kufi

ባህሎች

doganë

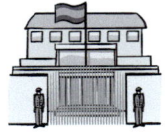

ኤምባሲ

ambasadë

ቪዛ/የይለፍ ወረቀት

vizë

ፓስፖርት

pasaportë

መጓጓዣ

transport

አዉሮፕላን
aeroplan
መርከብ
anije
የእሳት አደጋ መኪና
makinë zjarrfikëse
አዉቶብስ
autobus
የጭነት መኪና
kamion
የሞተር ጀልባ
motoskaf
ብስክሌት
biçikletë
መኪና
makinë

የማመላለሻ ጀልባ

traget

ጀልባ

varkë

የሞተር ብስክሌት

motoçikletë

የፖሊስ መኪና

makinë policie

የዉድድር መኪና

makinë garash

የኪራይ መኪና

makinë me qira

የመኪና መጋራት

darje e qirasë së makinës

ጎታች መኪና

karroatrec

የቆሻሻ ጭነት መኪና

makinë plehrash

ሞተር

motor

ነዳጅ

benzinë

የቤንዚን ማደያ

pikë karburanti

የመንገድ ምልክት

sinjalistikë trafiku

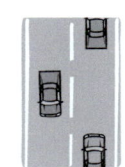

የመኪኖች እንቅስቃሴ

trafik

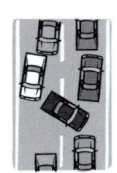

የመኪና መጨናነቅ

bllokim trafiku

የመኪና ማቆሚያ

parkim makinash

የባቡር ጣቢያ

stacion treni

የባቡር ሀዲዶች

trase

ባቡር

tren

የኤሌክትሪክ ባቡር

tramvaj

ሰረገላ

karro

ሄሊኮፕተር

helikopter

አየር ማረፊያ

aeroport

ማማ

kullë

መንገደኛ

pasagjer

ማስቀመጫ፤ ማጠራቀሚያ

kontenier

ካርቶን እቃ ማሸጊያ

kuti kartoni

ጋሪ፤ ተሳቢ

qerre

ቅርጫት

shportë

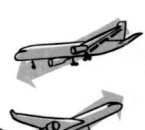

መነሳት/ ማረፍ

ngrihem / ulem

ከተማ

qytet

መንደር

fshat

የከተማ ማዕከል

qendra e qytetit

ቤት

shtëpi

ሲኒማ
kinema

ማስታወቂያ
publicitet

የመንገድ ዳር መብራት
drita për ndricim rrugësh

መንገድ
rrugë

ታክሲ
taksi

የቁርስ መቆያ ሱቅ
kioskë

እግረኛ
këmbësorë

ድንጋይ የተነጠፈበት የእግረኛ መንገድ
trotuar

የእግረኛ መሻገሪያ
vijat e bardha

የቆሻሻ ማጠራቀሚያ
kosh plehërash

ማቁረጫ
kryqëzim

የትራፊክ መብራቶች
semafor

CINEMA

ጎጆ
kasolle

አፓርታማ
apartament

የባቡር ጣቢያ
stacion treni

የከተማ አዳራሽ
bashki

ቤተ መዘክር
muze

ትምህርት ቤት
shkolla

ዩኒቨርስቲ

universitet

ባንክ

bankë

ሆስፒታል

spital

ሆቴል

hotel

መድሐኒት ቤት

farmaci

ቢሮ

zyrë

መፅሐፍ መሸጫ

librari

ሱቅ

dyqan

የአበባ መሸጫ

dyqan lulesh

የሸቀጣ ሸቀጥ መደብር

supermarket

ገበያ ስፍራ

market

መደብር

mapo

የዓሳ ነጋዴ

dyqan peshku

የገበያ ማዕከል

qëndër tregtare

ወደብ

port

መናፈሻ ቦታ

park

አግዳሚ ወንበር

stol

ድልድይ

urë

ደረጃዎች

shkallë

ዉስጥ ለዉስጥ

metro

ዋሻ

tunel

የአዉቶቡስ ፌርማታ

stacion autobuzi

ባር

bar

ምግብ ቤት

restorant

የፖስታ ሳጥን

kuti postare

የመንገድ ምልክት

sinjalistikë rrugore

የመኪና ማቆሚያ ሒሳብ የሚያሰላ ማሽን

kohëmatës parkimi

የደር እንስሳት ማቆያ

kopsht zoologjik

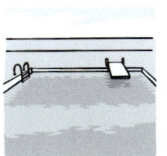

የመዋኛ ገንዳ

pishinë

መስጊድ

xhami

እርሻ

fermë

የሚበክል ነገር

ndotje

መቃብር ስፍራ

varrezë

ቤተ ክርስቲያን

kishë

መጫወቻ ሜዳ

shesh lojërash

ቤተ መቅደስ

tempull

መልከዓምድር

peisazh

ቅጠል
gjethe
የመንገድ ላይ ምልክት
tabela orientuese
መንገድ
rrugë
አረንጓዴ መስክ
livadh
ድንጋይ
gurë
በእግሩ የሚጓዝ
ekskursionist
ዛፍ
pemë
ወንዝ
lumë
ሳር
bar
አበባ
lule

ሸለቆ

luginë

ኮረብታ

kodër

ሀይቅ

liqen

ጫካ

pyll

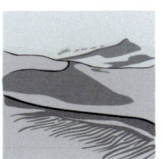

በረሃ

shkretëtirë

እሳተ ገሞራ

vullkan

ግምብ

kështjellë

ቀስተ ዳመና

ylber

እንጉዳይ

kepudhë

የቴምብር ዛፍ/ ዘንባባ

palmë

ቢንቢ/ የወባ ትንኝ

mushkonjë

በራሪ

mizë

ጉንዳን

milingonë

ንብ

bletë

ሸረሪት

merimangë

ጢንዚዛ

brumbull

እንቁራሪት

bretkosë

ሽኮኮ

ketër

ጃርት

iriq

ጥንቸል

lepur

ጉጉት ወፍ

buf

ወፍ

zog

የዉሃ ዳክዬ

mjellmë

ከርከሮ

derr i egër

አጋዘን

dre

አጋዘን

dre brilopatë

ግድብ

digë

በነፋስ የሚሽከረከር

turbinë ere

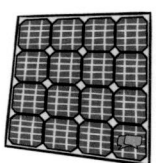

የፀሀይ ፓኔሎ

panel diellor

አየር ንብረት

klimë

ምግብ ቤት

restorant

አስተናጋጅ
kamarier
ማዉጫ
menu
ወንበር
karrige
ሾርባ
supë
ፒዛ
pica
መክተፊያ
set ngrënieje
የጠረጴዛ ጨርቅ
mbulesë tavoline

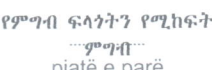

የምግብ ፍላጎትን የሚከፍት ምግብ

pjatë e parë

ዋና ምግብ

pjatë kryesore

ማጣጣሚያ ተከታይ ምግብ

ëmbëlsirë

መጠጦች

pije

ምግብ

ushqim

ጠርሙስ

shishe

ፈጣን ምግብ

ushqim i shpejtë

የመንገድ ምግብ

ushqim i shërbyer në rrugë

የሻይ ማንቆርቆሪያ

ibrik çaji

የስኳር እቃ

kuti sheqeri

ድርሻ

racion

የቡና ማፊያ ማሽን

makinë kafeje ekspres

ባለጌ ወንበር

karrige e lartë

የክፍያ ደረሰኝ

faturë

ትሪ

tabaka

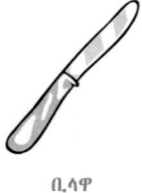

ቢላዋ

thika

ሹካ

pirun

ማንኪያ

lugë

የሻይ ማንኪያ

lugë çaji

ልብስ ምግብ እንዳይነካ የሚረዳ ጨርቅ

pecetë

ብርጭቆ

gotë

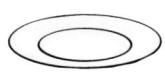

ዝርግ ሰሀን

pjatë

የሾርባ ጎድጓዳ ሰሀን

pjatë supe

የስኒ ማስቀመጫ

pjatë filxhani

ማጣፈጫ ስጎ

salcë

የጨዉ እቃ

mbajtëse kripe

የተፈጩ ቃሪያ

mulli piperi

ኮምጣጤ

uthull

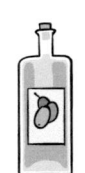

የምግብ ዘይት

vaj

ቀመማ ቅመሞች

erëza

የቲማቲም ድልህ

keçap

ሰናፍጭ

mustardë

ማዮኒዝ

majonezë

የሸቀጣ ሸቀጥ መደብር

supermarket

ልዩ አቅራቦት
ofertë speciale
FOR
ደምበኛ
klient
የወተት ተዋፅዖ
produkte bulmeti
ፍራፍሬ
frut
ባለ ጎማ የእጅ ጋሪ
karrocë pazari

ሉካንዳ ነጋዴ

dyqan mishi

መጋገርያ

furrë buke

ክብደት መመዘን

peshoj

ቅጠላ ቅጠል አትክልት

perime

ስጋ

mish

የቀዘቀዘ/የረጋ ምግብ

ushqim i ngrirë

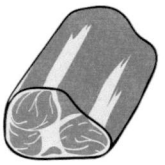

ቀዝቃዛ ቁራጭ

copë

የታሸገ ምግብ

ushqim i konservuar

የማጠቢያ ዱቄት

pluhur larës

ጣፋጮች

ëmbëlsirat

የቤት ዉስጥ ዉጤቶች

prodhime shtëpie

የፅዳት ምርቶች

produkte pastrimi

የሽያጭ ባለሙያ

shitëse

የገንዘብ መመዝቢያ ማሽን

kasë fiskale

የሒሳብ ሰራተኛ

arkëtar

የግዢ ዝርዝር

listë blerjeje

ክፍት ሰዓታት

oraret e punës

የኪስ ቦርሳ

portofol

ክሬዲት ካርድ

kartë krediti

ቦርሳ

çantë

የፕላስቲክ ቦርሳ

qese plastike

መጠጦች

pije

ዉሃ

ujë

ጭማቂ

lëng frutash

ወተት

qumësht

ኮካ-ኮላ

koka-kola

ወይን

verë

ቢራ

birrë

አልኮል

alkool

ኮካ

kakao

ሻይ

çaj

ቡና

kafe

የተፈላ ቡና

kafe ekspres

ካፑቺኖ

kapuçino

ምግብ

ushqim

ሙዝ

banane

ፖም

mollë

ብርቱካን

portokalle

ሀብሀብ

pjepër

ሎሚ

limon

ካሮት

karrotë

ነጭ ሽንኩርት

hudhër

ሸምበቆ

bambu

ቀይ ሽንኩርት

qepë

እንጉዳይ

kërpudha

ለዉዝ

arra

የህፃናት ምግብ

makarona

ፓስታ

spageti

ሩዝ

oriz

ሰላጣ

sallatë

የድንች ጥብስ

patate të skuqura

ድንች ጥብስ

patate të skuqura

ፒዛ

pica

ዳቦ ዉስጥ በስሱ ተጠብሶ የገባ ስጋ

hamburger

ሳንድዊች

sanduiç

ጥሬ ስጋ

shnicel

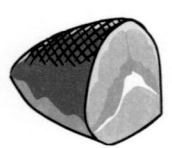

የአሳማ ስጋ

proshutë

በቅመምና በጨዉ የታሸ ምግብ ቀዝቅዞ የሚበላ ሾርባ ምግብ

sallam

ቋሊማ

salçiçe

ዶሮ

pulë

ጥብስ

skuq

አሳ

peshk

ምግብ - ushqim

የአጃ ገንፎ
tërshërë

ከወተት ጋር ተደባልቀዉ የሚበሉ ምግቦች
drithëra

የበቆሎ ቅርፊት
kornfleiks

ዱቄት
miell

ኩራሳ
kruasant

ድብልብል ዳቦ
panine

ዳቦ
bukë

መጥበስ
tost

ብስኩት
biskotë

ቅቤ
gjalp

እርጎ
gjizë

ኬክ
tortë

እንቁላል
vezë

እንቁላል ጥብስ
vezë sy

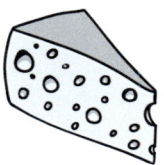

አይብ
djathë

የበረዶ ክሬም

akullore

ስኳር

sheqer

ማር

mjaltë

ማርማላት

marmaladë

የተናጠ የወተት ክሬም

çokokrem

ማጣፈጫ

këri

እርሻ

fermë

የገበሬ ቤት
የጭድ ክምር
deng bari
የእህልና የከብት ማቀመጫ ቤት
hangar
ሜዳ
fushë
ፈረስ
kal
ተሳቢ መኪና
rimorkio
የእርሻ መኪና
traktor
የፈረስ ዉርንጭላ
kërriç
አህያ
gomar
በግ
dele
የበግ ጠቦት
qengj

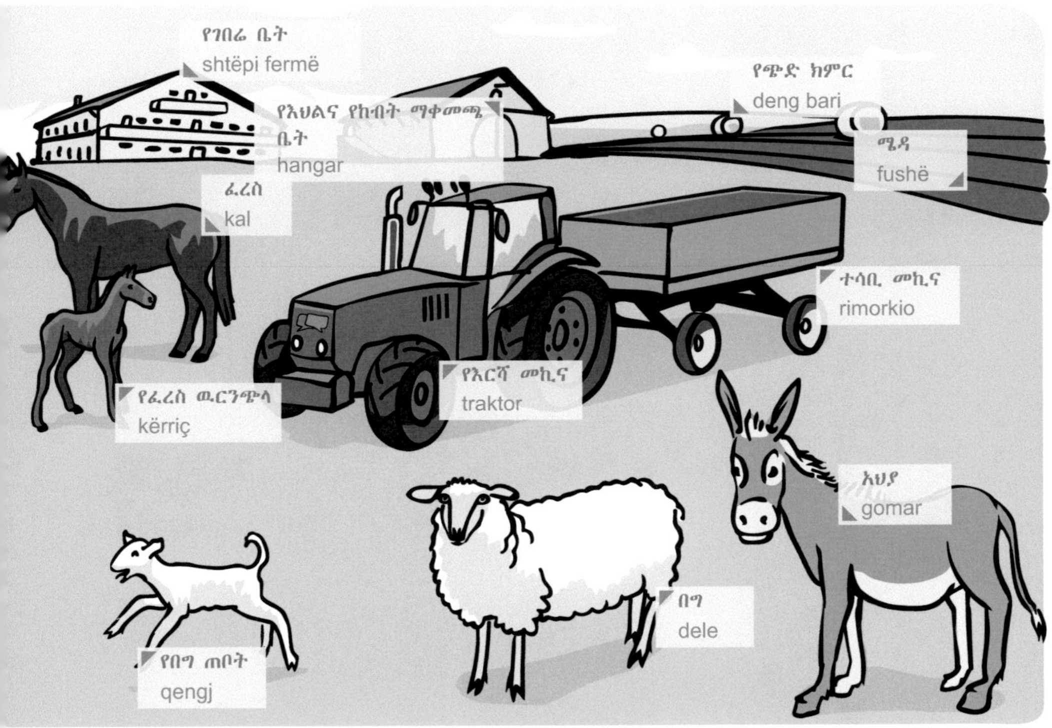

ፍየል

dhi

ላም

lopë

ጥጃ

viç

አሳማ

derr

ግልገል አሳማ

derrkuc

ኮርማ

dem

ዝይ

patë

ዳክዬ

rosë

የዶሮ ጫጩት

zog pule

ዶሮ

pulë

አዉራ ዶሮ

gjel

አይጥ

mi

ድድመት

mace

አይጥ

mi

በሬ

buall

ዉሻ

qen

የዉሻ ቤት

kolibe qeni

የአትክልት ቦታ

zorrë vaditëse

ዉሃ ማጠጫ ባልዲ

vaditëse

ረጅም ማጭድ

kosë

ማረሻ

plug

ማጭድ

drapër

መኮትኮቻ

shat

የእህል መንሽ

kosa

መጥረቢያ

sëpatë

ኩርኩር/ የእጅ ጋሪ

karrocë

ገንዳ

govatë

የወተት ዕቃ

bidon qumështi

ጆንያ ከረጢት

thes

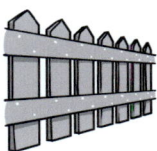

አጥር

gardh

የፈረስ ጋጣ

ahur

ዕፅዋት ማሳደጊያ የመስታዉት ቤት

serë

አፈር

dhe

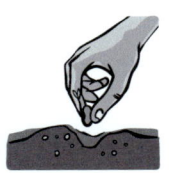

ዘር

farë

የመሬት ማዳበሪያ

pleh

ጥምር ማረሻ

autokombanjë

አዝመራ መሰብሰብ

korr

አዝመራ

te korrat

ድንች

patate e ëmbël "Yam"

ስንዴ

grurë

ሶያ

soja

ድንች

patate

በቆሎ

misër

የከብት መኖ

raps

የፍሬ ዛፍ

pemë frutore

የካሳቫ ዛፍ

zhardhok manioku

እህል

drithëra

የጨስ ማዉጫ
oxhak

ጣራ
çati

አሽንዳ
shkarkues uji

መስኮት
dritare

ጋራዥ
garazh

የበር ደወል
zile e derës

በር
derë

የቆሻሻ ማጠራቀሚያ
kosh plehërash

ፖስታ ሳጥን
kuti postare

የእትክልት ቦታ
kopësht

ሳሎን
dhomë ndenjeje

መታጠቢያ ቤት
tualet

ማድቤት
kuzhinë

መኝታ ቤት
dhomë gjumi

የልጅ ክፍል
dhomë fëmijësh

መመገቢያ ክፍል
dhomë ngrënieje

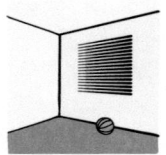

ወለል

dysheme

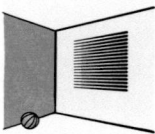

ግድግዳ

mur

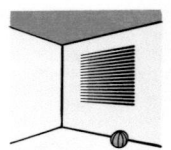

ጣሪያ

tavan

ምድር ቤት

bodrum

በእንፋሎት ሙቀት መታጠቢያ ቤት

sauna

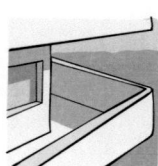

ሰገነት

ballkon

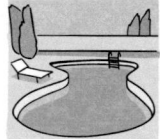

ከፍ ያለ መደብ

tarracë

የመዋኛ ገንዳ

pishinë

የማጨጃ መኪና

kositëse bari

አንሶላ

çarçaf

የአልጋ ልብስ

kuvertë

አልጋ

krevat

መጥረጊያ

fshesë dore

ባልዲ

kovë

ማብሪያና ማጥፊያ

çelës

32 ቤት - shtëpi

ሳሎን
dhomë ndenjeje

የግድግዳ ወረቀት
tapiceri
ፎቶ
fotografi
መብራት
llambë
መደርደሪያ
raft
ቁም ሳጥን፣ ካቢኔ
dollap
pajisje televizive
የእሳት መሞቂያ
vatër
አበባ
lule
ትራስ
jastëk
ሶፋ
divan
የአበባ ማስቀመጫ
vazo
ሪሞት ኮንትሮል
telekomandë

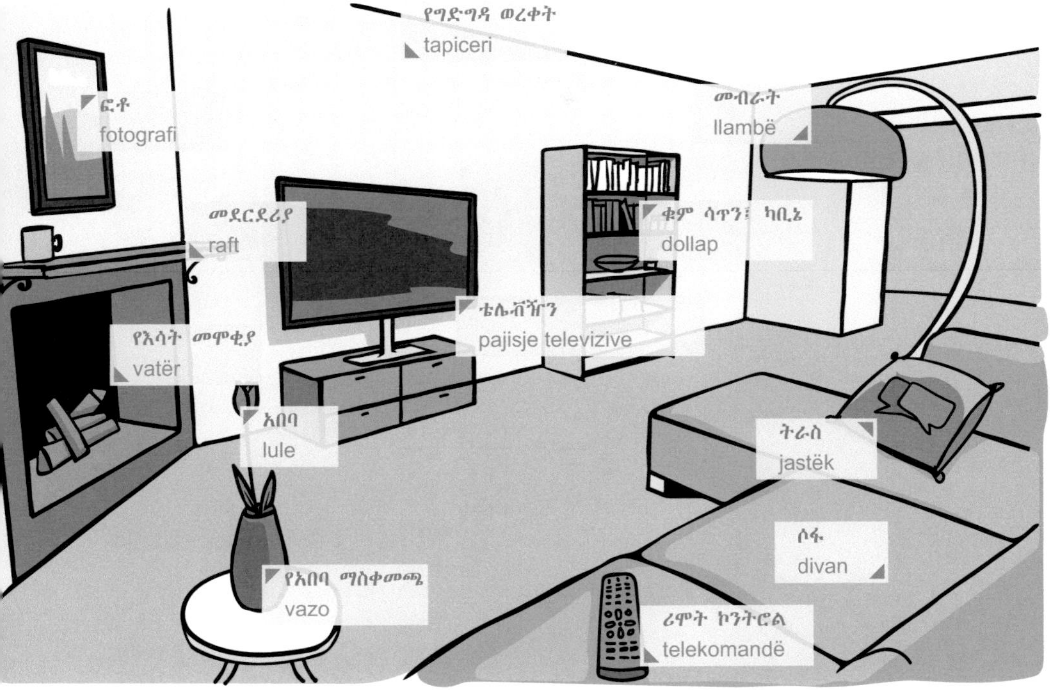

ንጣፍ

qilim

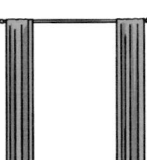

መጋረጃ

perde

ጠረጴዛ

tavolinë

ወንበር

karrige

ተወዛዋዥ ወንበር

karrige lëkundëse

ባለመደገፊያ ወንበር

kolltuk

መጽሐፍ

libri

ብርድ ልብስ

batanije

ጌጥ

zbukurime

ማገዶ

dru zjarri

ፊልም

film

የሙዚቃ መጫወቻ

stereo

ቁልፍ

çelës

ጋዜጣ

gazetë

ስዕል

pikturë

የተለጠፈ ማስታወቂያ እንደ ስዕል

afishe

ራዲዮ

radio

ማስታወሻ ደብተር

bllok shënimesh

የአየር ማፅጃ ለምንጣፍ

fshesë me korent

ቁልቋል

kaktus

ሻማ

qiri

ማድቤት
kuzhinë

ማቀዝቀዣ
frigorifer
ማይክሮዌቭ ምግብ ማብሰያ
mikrovalë
የኩሽና መመዘኛ ሚዛን
peshore kuzhine
ዳቦ መጥበሻ
toster
ንፁህ ማድረጊያ
detergjent
ምድጃ
furrë
ማቀዝቀዣ
ngrirës
የቀቆሻሻ ማጠራቀሚያ
kosh plehërash
እቃ ማጠቢያ
lavastovilje

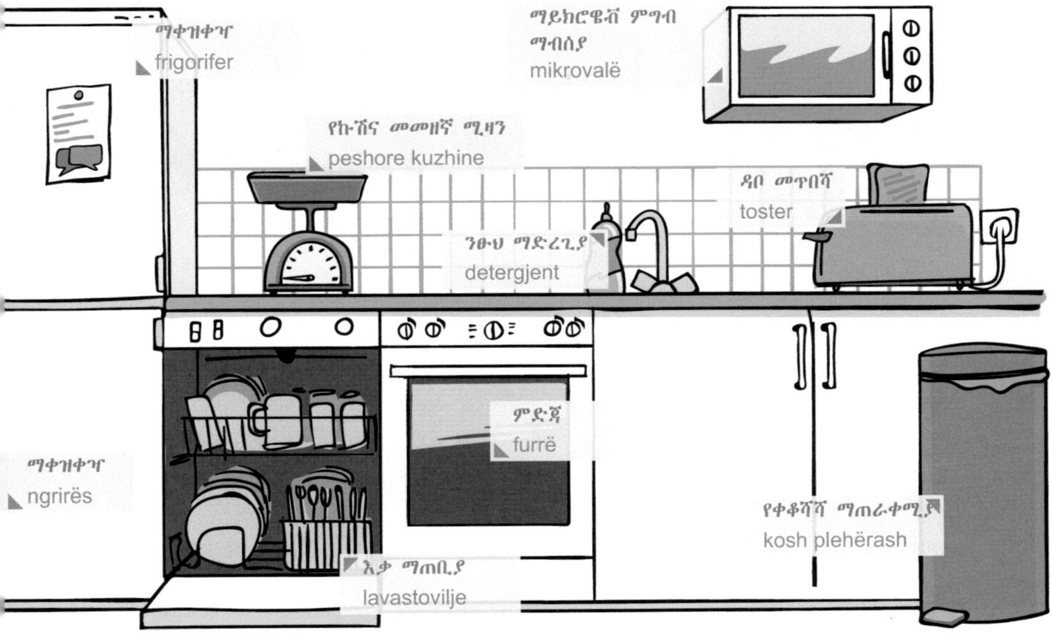

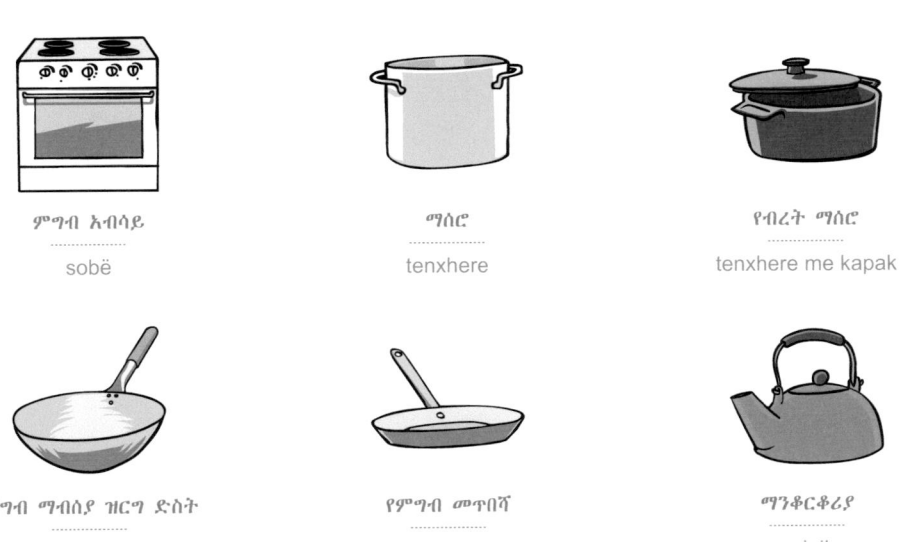

ምግብ አብሳይ

sobë

ማሰሮ

tenxhere

የብረት ማሰሮ

tenxhere me kapak

ምግብ ማብሰያ ዝርግ ድስት

tigan special (Wok)

የምግብ መጥበሻ

tigan

ማንቆርቆሪያ

çajnik

የእንፋሎት ማብሰያ

tenxhere me avull

የመጋገሪያ ትሪ

tavë pjekjeje

ሰብስቦች

enë

ትልቅ ኩባያ

filxhan

ጎድጓዳ ሳህን

tas

ቾፕስቲክስ

shkopinj

ጭልፋ

garuzhde

መሰቅሰቂያ ዝርግ ማንኪያ

spatul

ማደባለቂያ

tel kuzhine

መወጠሪያ

kulluese

ወንፊት

sitë

መፈርፈሪያ መሳሪያ

rende

ሲሚንቶ

havan

የፍም ጥብስ

skarë

የተለቀቀ እሳት

zjarr

መክተፊያ
....
dërrasë për prerje

ተንሸራታች መርፌ
....
okllai

የጠርሙስ መክፈቻ
....
heqëse tapash

ጣሳ
....
kanaçe

የጣሳ መክፈቻ
....
hapëse kanaçeje

የማሰሮ መሸፈኛ
....
rrobë për të kapur
tenxheren

ሳህን ማጠቢያ
....
lavaman

ብሩሽ
....
furçë

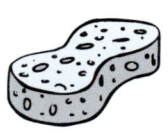

ስፖንጅ
....
sfungjer

መደባለቂያ መሳሪያ
....
përzjerës

በጣም ማቀዝቀዣ
....
ngrirës

ጡጦ
....
biberon për lëngje

ቧንቧ
....
rubinet

መታጠቢያ ቤት

tualet

ማሞቂያ
ngrohje
መታጠቢያ
dush
ፎጣ
peshqirë
የመታጠቢያ ቤት መጋረጃ
perde dushi
የአረፋ መታጠቢያ
vaskë me shkumë
የመታጠቢያ ገንዳ
vaskë
ብርጭቆ
gotë
የልብስ ማጠቢያ
lavatriçe
ቧንቧ
rubinet
ማዕዘን ወለል
pllaka
oturak
ሳህን ማጠቢያ
lavaman

ሽንት ቤት

tualet

የሽንት ቤት መቀመጫ

WC e sheshtë

ሳፋ

bide

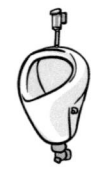

የመንገድ ዳር መሽኛ

tualet publik

የሽንት ቤት ወረቀት

letër higjienike

የሽንት ቤት ማፅጃ ብሩሽ

furçe për WC

የጥርስ ብሩሽ

furçë dhëmbësh

የጥርስ ሳሙና

pastë dhëmbësh

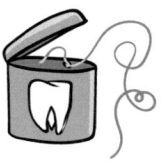

የጥርስ ማፅጃ ክር

fije dentare

መታጠብ

laj

የእጅ መታጠቢያ

dorezë dushi

መታጠቢያ

larës për zonën intime

ጎድጓዳ ሳህን

legen

የጀርባ ብሩሽ

furçë për masazh shpine

ሳሙና

sapun

መታጠቢያ የሚዝለገለግ ሳሙና

shampo trupi

የፀጉር መታጠቢያ ሳሙና

shampo

ለስላሳ ጨርቅ

leckë pastruese

ፍሳሽ

kullues

ክሬም

krem

ጠረን መቀየሪያ ንጥረ ነገር

antidjersë

መስታወት

pasqyrë

የእጅ መስታወት

pasqyrë dore

ምላጭ

brisk rroje

የመላጫ አረፋ

shkumë rroje

ከመላጨት በኋላ የሚቀባ ሽቱ

locion pas rrojes

ማበጠሪያ

krehër

ብሩሽ

furçë

የፀጉር ማድረቂያ

tharëse flokësh

በፀጉር ላይ የሚነፋ

llak për flokët

የፊት መቀባቢያ

grim

የከንፈር ቀለም

buzëkuq

የጥፍር ቀለም

manikyr

የጥጥ ሱፍ

mbushje pambuku

ጥፍር መቁረጫ

gërshërë për thonj

ሽቶ

parfum

ማጠቢያ ባልዲ

antë për sendet personale

መቀመጫ

Stol

ሚዛን

peshore

የመታጠቢያ ልብስ

robëdëshambër

የላስቲክ ጓንት

dorashka gome

ሞዴስ

tampon

የፅዳት ፎጣ

peceta higjienike

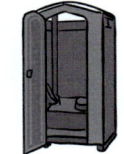

የሽንት ቤት ኬሚካል

tualet I lëvizshëm

የልጅ ክፍል

dhomë fëmijësh

orë me zile
የህፃን አሻንጉሊት
lodra me pellushë
የመጫወቻ መኪና
makinë lodër
rraketake
የአሻንጉሊት ቤት
shtëpi kukullash
ስጦታ
dhuratë

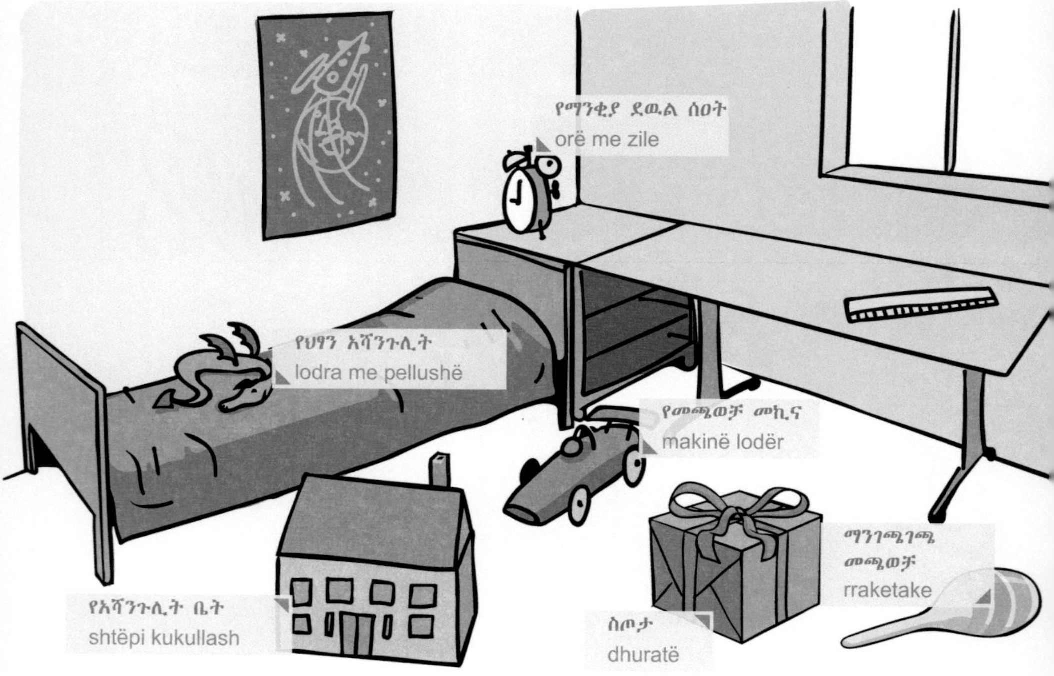

ፊኛ

tollumbace

አልጋ

krevat

የህፃን ማንሸራሸሪያ ጋሪ

karrocë fëmijësh

የካርታ መጫወቻ

lojë me letra

ቁርጥራጭ ምስሎችን የማገጣጠም እና ምስል የማግኘት ጨዋታ

bashkim pjesësh me figura

አዝናኝ

komik

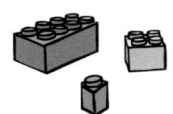

ተገጣጣሚ መጫወቻ

formuese lodër

የመጫወቻ መገጣጠሚያዎች

kuba plastikë

የድርጊት ምስል

lodra

የህፃን እድገት

badi

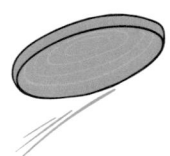

የፕላስቲክ መጫወቻ ዝርግ ሰሀን

frizbi

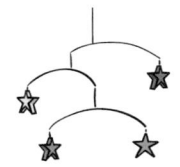

ተወዛዋዥ የህፃን ማጫወቻ

lodra të varura tek krevati i fëmijëve

የሰሌዳ ጨዋታ

tavolinë lojërash

የመጫወቻ ጠጠር

zare

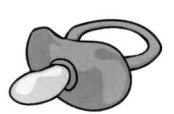

የመጫወቻ ባቡር

model treni

የእንጀራ እናት ጡጦ

biberon

ድግስ

festë

የስዕል መፅሀፍ

libër me ilustrime

ኳስ

top

አሻንጉሊት

kukull

መጫወት

luaj

የአሸዋ መጫወቻ

grumbull rëre

ዥዋዥዌ

kolovarëse

መጫወቻዎች

lodra

የቪዲዮ መጫወቻ

leva për lojra video

ባለ ሶስት ጎማ ብስክሌት

triçikël

የአሻንጉሊት ድብ

arush prej pellushi

ቁምሳጥን

garderobë

አልባሳት

veshje

ካልሲዎች

çorape

ስቶኪንጎች

çorape të gjata

ታይት

geta

የአንገት ልብስ
shall

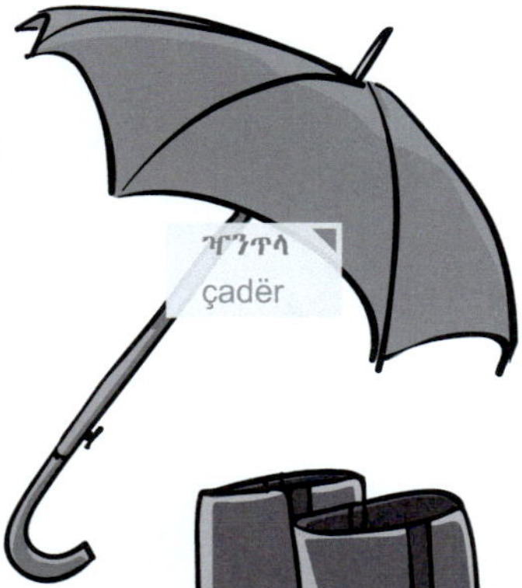

ዣንጥላ
çadër

ከናቴራ
bluzë pa jakë

ቀበቶ
rrip

ስኒከሮች
atlete

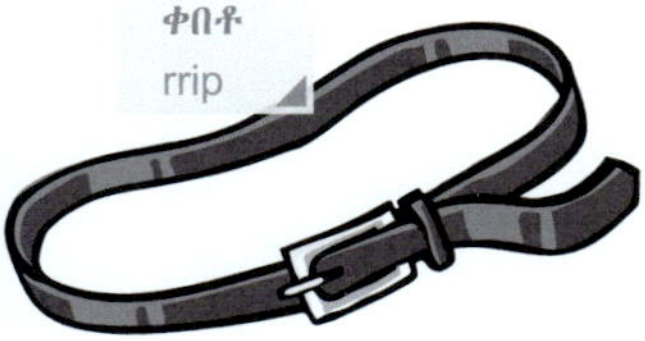

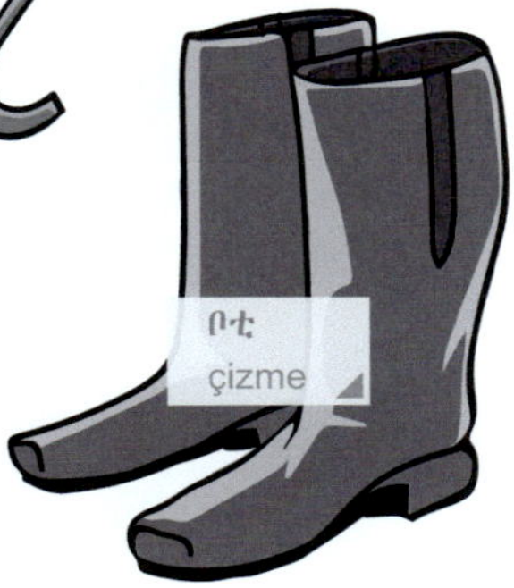

ቦቲ
çizme

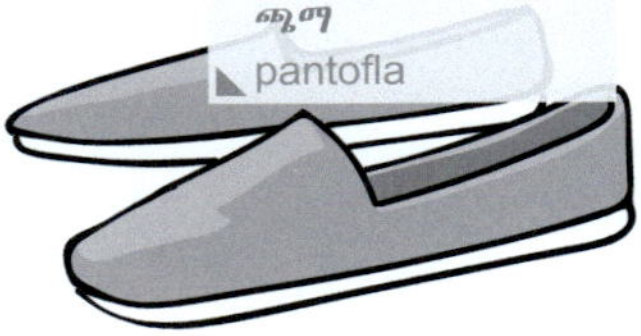

የቤት ዉስጥ ነጠላ ጫማ
pantofla

ነጠላ ጫማዎች
sandale

ጫማዎች
këpucë

የዝናብ ቡትስ
çizme llastiku

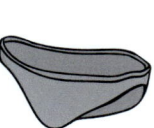

ሙታንታ
të mbathura

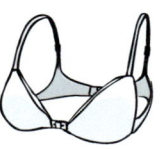

ጡት መያዣ
reçipeta

ሰደርያ
kanotierë

ሰዉነት

trup

ሱሪዎች

pantallona

ጅንስ

xhinse

ጉርድ ቀሚስ

fund

ሸሚዝ

bluzë

ሸሚዝ

këmishë

የሚጠለቅ ሹራብ

pulovër

ሹራብ

triko

ዩኒፎርም ጃኬት

xhaketë

ጃኬት

xhaketë

ኮት

pallto

የዝናብ ኮት

mushama shiu

ልብስ

kostum

ቀሚስ

fustan

የሙሽራ ቀሚስ

fustan nusërie

ሱፍ

kostum

የለሊት ልብስ

këmishë nate

የለሊት ልብስ

pizhama

ረጅም ቀሚስ

sari (veshje tradicionale indiane)

ሂጃብ

shami koke

ጥምጣም

çallmë

ቡርቃ

veshje për femrat e besimit musliman

ሽርጥ

kaftan (lloj veshjeje tradicionale)

አባያ

ferexhe

የዋና ልብስ

kostum banje

አጭር ቁምጣ

rroba banje

ቁምጣዎች

pantallona të shkurtra

የስራ ቱታ

tuta sporti

ሽርጥ

përparëse

ጓንት

dorashka

ቁልፍ

kopsë

መነፅር

syze

አምባር

byzylyk

የአንገት ሀብል

gjerdan

ቀለበት

unazë

የጆሮ ጌጥ

vath

ኮፍያ

kapuç

የኮት መስቀያ

varëse për pallto

ኮፍያ

kapele

ከረቫት

kravatë

ዚፕ

zinxhir

የብረት ቆብ

helmetë

መደገፊያ

tiranda

የትምህርት ቤት የደንብ ልብስ

uniformë shkolle

የደንብ ልብስ

uniformë

መሃረብ

gushore

የእንጀራ እናት ጡጦ

biberon

ሽንት ጨርቅ

pelenë

ቢሮ

zyrë

server
የፋይል መደርደሪያ ካቢኔ
skedar
የህትመት መሳሪያ
printer
ወረቀት
letër
መቆጣጠሪያ
ekran
ማዉዝ
maus
tavolinë
ማህደር
dosje
tastierë
የቆሻሻ ወረቀት መጣያ ቅርጫት
kosh letrash
ኮምፒዉተር
kompjuter
ወንበር
karrige

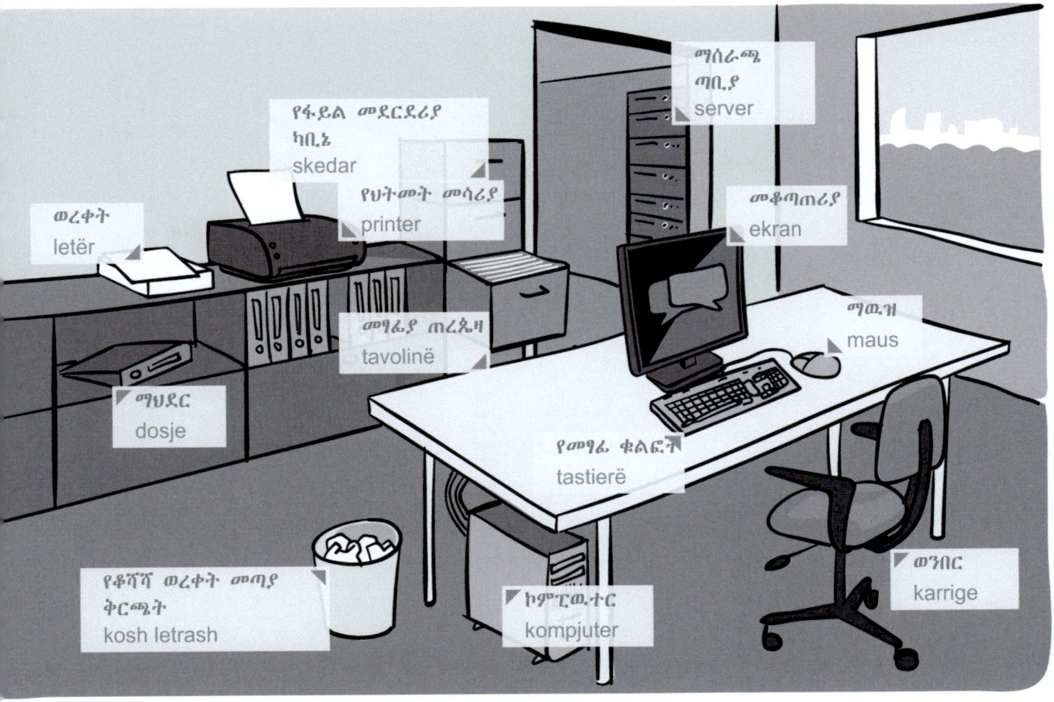

የቡና መጠጫ ትልቅ ኩባያ

filxhan kafeje

ማስሊያ ማሽን

makinë llogaritëse

ኢንተርኔት

internet

ላፕቶፕ

kompjuter portativ

ደብዳቤ

letër

መልዕክት

mesazh

ተንቀሳቃሽ ስልክ

telefon

የግንኙነት አውታር

rrjet

ማባዣ ማሽን

fotokopje

ሶፍትዌር

program

ስልክ

telefon

የግድግዳ ሶኬት

prizë

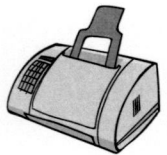

የፋክስ ማሽን

pajisje faksi

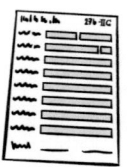

ቅፅ

formular

ሰነድ

dokument

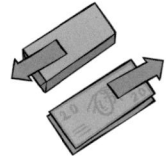

መግዛት

blej

መክፈል

paguaj

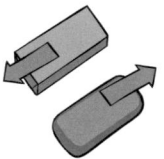

መነገድ

tregtoj

ገንዘብ

para

USD

ዶላር

dollar

EUR

ዩሮ

euro

JPY

የን

jen

RUB

ሩብል

rubla

CHF

የስዊዝ ፍራንክ

franga zvicerane

CNY

ሬንሚንቢ ዩዋን

juani kinez

INR

ሩጲ

rupje

የገንዘብ ነጥብ

bankomat

የዉጭ ገንዘብ ምንዛሪ ቢሮ

pikë këmbimi valutor

ወርቅ

ar

ብር

argjend

ዘይት

nafta

ሀይል፤ ጉልበት

energji

ዋጋ

çmim

ግንኙነት

kontratë

ቀረጥ

taksë

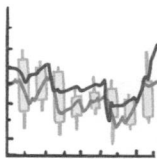

አክስዮን

aksione

መስራት

punoj

ተቀጣሪ

punonjës

ቀጣሪ

punëdhënës

ፋብሪካ

fabrikë

ሱቅ

dyqan

የስራ ሙያዎች

profesionet

የፖሊስ አዛዥ
oficer policie
የእሳት አደጋ ሰራተኛ
zjarrfikës
ምግብ አብሳይ
kuzhinier
ዶክተር
mjek
አብራሪ
pilot

አትክልተኛ

kopshtar

አናጢ

marangoz

ልብስ ሰፊ ሴት

rrobaqepëse

ዳኛ

gjykatës

ቀማሚ

kimist

ተዋናይ

aktor

የአዉቶቢስ ሹፌር

shofer autobuzi

የታክሲ ሹፌር

taksist

አሳ አጥማጅ

peshkatar

ፅዳት ሰራተኛ

pastruese

የጣራ ሰራተኛ

riparues çatish

አስተናጋጅ

kamarier

አዳኝ

gjuetar

ሰዓሊ

piktor

ጋጋሪ

furrxhi

የኤሌትሪክ ሰራተኛ

elektriçist

ገምቢ

ndërtues

መሃሃዲስ

inxhinier

ልኳንዳ

kasap

የቧንቧ ሰራተኛ

hidraulik

የፖስታ ሰራተኛ

postieri

ወታደር

ushtar

መሃንዲስ

arkitekt

የሒሳብ ሰራተኛ

arkëtar

አበባ ሻጭ

luleshitës

የፀጉር ሰራተኛ

berber

ቲኬት ቆራጭ

kontrollor

መካኒክ

mekanik

ካፒቴን

kapiten

የጥርስ ሐኪም

dentist

ተመራማሪ

shkencëtar

መምህር

rabin

የሙስሊም ሃይማኖታዊ መሪ

imam

መነኩሴ

murg

ካህን

klerik

መሳሪያዎች

mjete

çekiç
ተቆላፊ ጉጠት
pinca
መፍቻ
kaçavidë
የመሳሪ መፍቻ
çelës mekanik
ባትሪ
elektrik dore

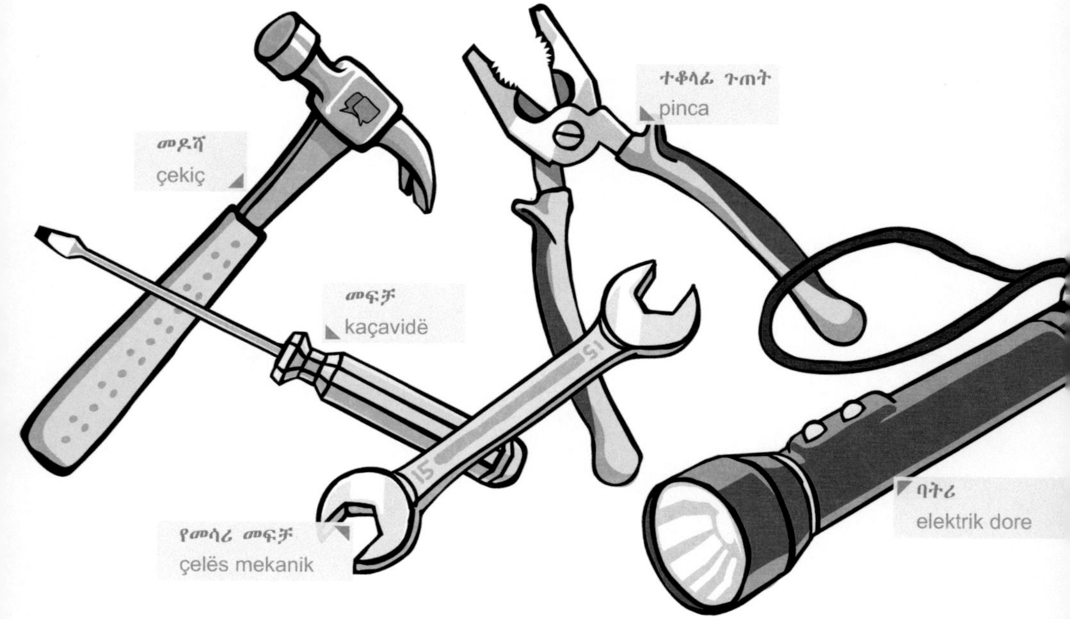

በቁፋሮ የሚዝቅ

ekskavator

የመፍቻ ሳጥን

kuti veglash

መሰላል

shkallë

መጋዝ

sharrë

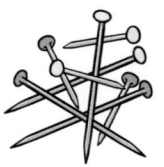

ምስማር

gozhdë

መሰርሰሪያ

trapan

መጠገን

riparoj

አካፋ

lopatë

የተረገመ!

Dreq!

ቆሻሻ ማፈሻ

kaci

የቀለም ቆርቆሮ

kuti boje

ብሎን

vidhë

የሙዚቃ መሳሪያዎች

instrumenta muzikorë

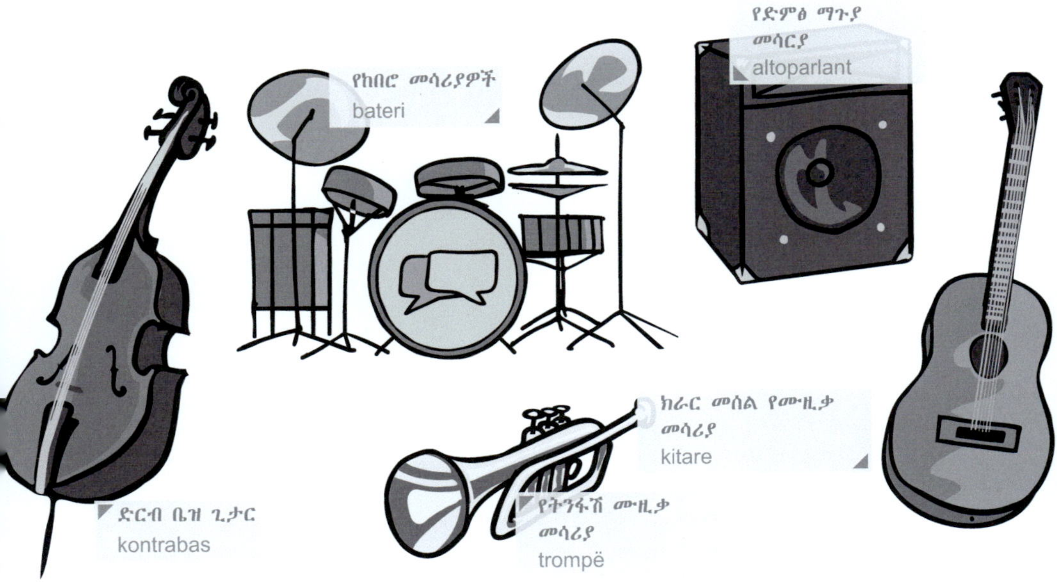

የድምፅ ማጉያ መሳርያ
altoparlant
የከበሮ መሳሪያዎች
bateri
ክራር መሰል የሙዚቃ መሳሪያ
kitare
ድርብ ቤዝ ጊታር
kontrabas
የትንፋሽ ሙዚቃ መሳሪያ
trompë

ፒያኖ

piano

ቫዮሊን

violinë

ወፍራም፣ ጎርናና ድምፅ ያለዉ ክራር መሰል ሙዚቃ መሳሪያ

bas

ነጋሪት

tamburë

ከበሮ

daulle

በኤሌክትሪክ የሚሰራ ፒኖ

tastierë pianoje

የትንፋሽ ሙዚቃ መሳሪያ

saksofon

ዋሽንት

flaut

የድምፅ ማጉያ

mikrofon

ነብር
tigër
ሳጥን
kafaz
hyrje
የሜዳ አህያ
zebër
የእንስሳ ምግብ
ushqim për kafshë
ትልቅ ድብ
panda

እንስሳቶች

kafshë

ዝሆን

elefant

ካንጋሮ

kangur

አዉራሪስ

rinoceront

ትልቅ ዝንጀሮ

gorillë

ድብ

ari

ግመል

deve

ሰጎን

struc

አንበሳ

luan

ጦጣ

majmun

ቅልጥመ ረዥም ወፍ

flamingo

በቀቀን

papagall

የወዋልታ ድብ

ari polar

የዋልታ ወፎች

pinguin

ረጅም ጥርሶች ያሉትአሳ ነባሪ

peshkaqen

ጣዎስ

pallua

እባብ

gjarpër

አዞ

krokodil

የዱር አራዊት የሚጠበቁበት ማቆያን የሚጠብቅ

punonjës i kopshtit zoologjik

አሳ በሊታ የባህር እንስሳ

fokë

የዱር ድመት

xhaguar

ድንክ ፈረስ

poni

ነብር

leopard

ጉማሬ

hipopotam

ቀጭኔ

gjirafë

ንስር

shqiponjë

ከርከሮ

derr i egër

አሳ

peshk

የባህር ኤሊ

breshkë

የባህር አዉሬ

lopë deti

ቀበሮ

dhelpër

የሜዳ ፍየል፤ ሚዳቋ

gazelë

የስፖርት አይነቶች

sportet

የአሜሪካ እግርኳስ
futboll amerikan
የብስክሌት ስፖርት
çiklizëm
ቴኒስ
tenis
የቅርጫት ኳስ
basketboll
ዋና
not
የቡጢ ስፖርት
boks
የበረዶ ላይ የገና ጨዋታ
hokej mbi akull

እግር ኳስ

futboll

የላበ ኳስ ጨዋታ

badminton

አትሌቲክስ

atletikë

የእጅ ኳስ ስፖርት

hendboll

የበረዶ መንሸራተት ስፖርት

ski

ፈረስ ግልቢያ

polo

እንቅስቃሴዎች
aktivitet

መዝለል
hidhem
ማቀፍ
përqafoj
መሳቅ
qesh
መራመድ
eci
መዘመር
këndoj
ህልም ማለም
ëndërroj
መፀለይ
lutem
መሳም
puth

መፃፍ

shkruaj

መሳል

vizatoj

ማሳየት

tregoj

መግፋት

shtyj

መስጠት

jap

መዉሰድ

marr

መያዝ

kam

ማድረግ

bëj

መሆን

jam

መቆም

qëndroj

መሮጥ

vrapoj

መሳብ

tërheq

መወርወር

hedh

መዉደቅ

bie

መዋሸት

shtrihem

መጠበቅ

pres

መሸከም

mbaj

መቀመጥ

ulem

መልበስ

vishem

መተኛት

fle

መንቃት

zgjohem

መመልከት

shikoj

ማለልቀስ

qaj

መጫር

përkëdhel

ማበጠር

kreh

ማዉራት

bisedoj

መረዳት

kuptoj

ጥያቄ

kërkoj

ማዳመጥ

dëgjoj

መጠጣት

pi

መብላት

ha

ማንፃት

sistemoj

ማፍቀር

dashuroj

ምግብ ማብሰል

gatuaj

መንዳት

drejtoj makinën

መብረር

fluturoj

መርከብ መንዳት

lundroj

ቁጥሮችን ማስላት

llogaris

ማንበብ

lexoj

መማር

mësoj

መስራት

punoj

ማግባት

martohem

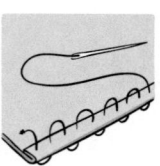

መስፋት

qep

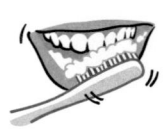

ጥርስ መቦረሽ

laj dhëmbët

መግደል

vras

ማጨስ

tymos

መላክ

dërgoj

የሴት አያት
gjyshe

የወንድ አያት
gjysh

እባት
baba

እናት
nënë

ህፃን
bebe

ሴት ልጅ
vajzë

ወንድ ልጅ
djalë

እንግዳ

mysafir

አክስት

teze, hallë

አጎት

dajë, xhaxha

ወንድም

vëlla

እህት

motër

አካል

trupi

ግንባር
balli
አይን
syri
ትከሻ
shpatulla
ጣት
gishti
ፊት
fytyra
አገጭ
mjekra
እጅ
dora
ጡት
krahërori
እግር
këmba
ክንድ
krahu

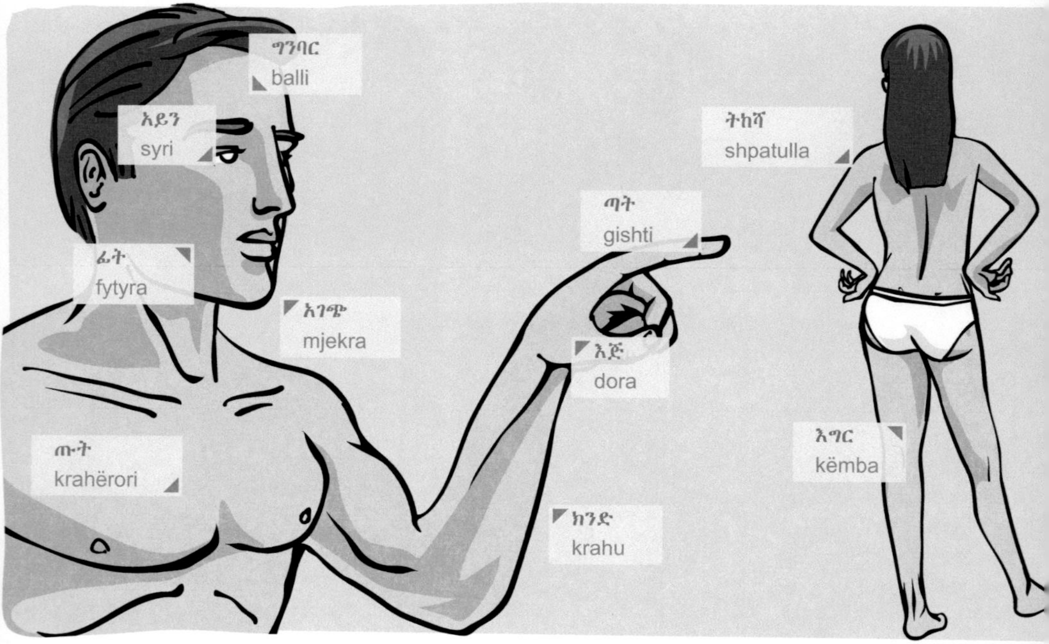

ህፃን

bebe

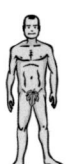

ሰዉ

burrë

ሴት

grua

ልጃገረድ

vajzë

ወንድ ልጅ

djalë

ራስ

koka

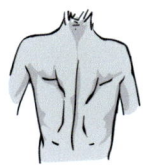

ጀርባ

shpina

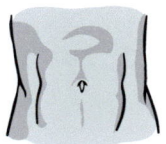

ሆድ

barku

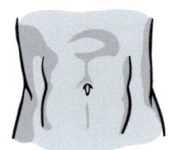

እምብርት

kërthiza

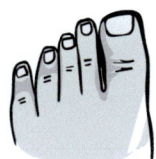

የእግር ጣት

gisht këmbe

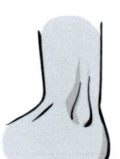

ተረከዝ

Thembra

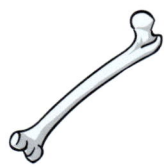

አጥንት

kockë

ዳሌ

legeni

ጉልበት

gjuri

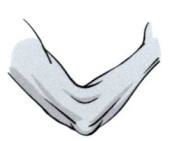

ክርን

bërryli

አፍንጫ

hunda

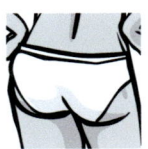

ቂጥ

vithe

ቆዳ

lëkura

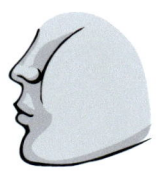

ጉንጭ

faqja

ጆሮ

veshi

ከንፈር

buza

አፍ

goja

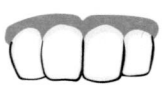

ጥርስ

dhëmbët

ምላስ

gjuha

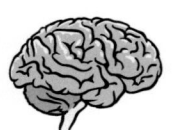

አንጎል

truri

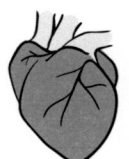

ልብ

zemra

ጡንቻ

muskul

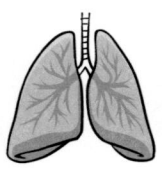

ሳምባ

mushkëria

ጉበት

mëlçia

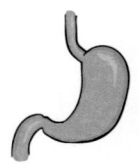

ሆድ

stomaku

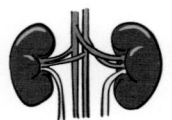

ኩላሊቶች

veshka

የግብረስጋ ግንኙነት

seks

ኮንዶም

prezervativ

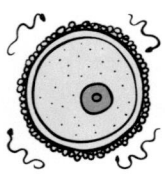

የሴት እንቁላል

veza

የዘር ፈሳሻ

sperma

እርግዝና

shtatëzani

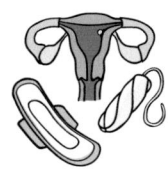

የወር አበባ

menstruacione

እምስ

vagina

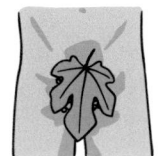

ቁላ

penis

ቅንድብ

vetulla

ፀጉር

flokët

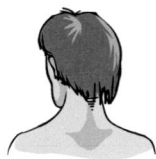

አንገት

qafa

ሆስፒታል

spital

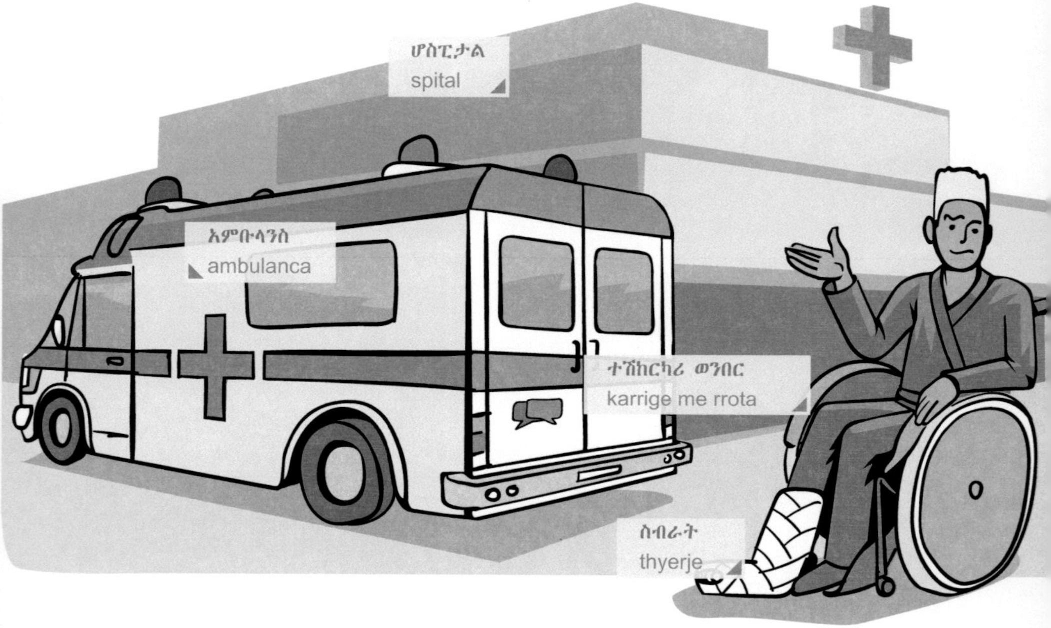

ሆስፒታል
spital
አምቡላንስ
ambulanca
ተሽከርካሪ ወንበር
karrige me rrota
ስብራት
thyerje

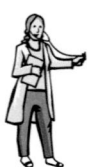

ዶክተር

mjek

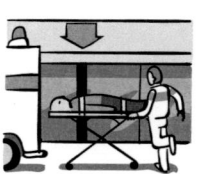

ድንገተኛ ክፍል

sallë urgjencash

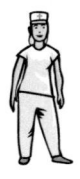

ነርስ

infermiere

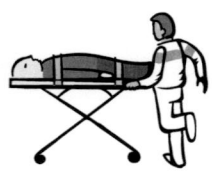

ድንገተኛ

emergjencë

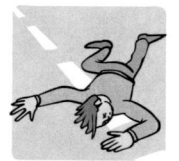

ራስን መሳት/ አለማወቅ

i pandërgjegjshëm

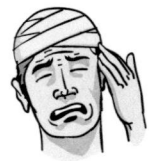

ህመም

dhimbje

ጉዳት

dëmtim

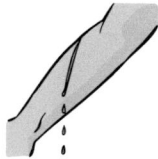

መድማት

gjakosje

የልብ ድካም

infarkt

ስትሮክ

goditje

አለርጂ

alergji

ሳል

kolla

ትኩሳት

ethe

ኢንፍሉዌንዛ

grip

ተቅማጥ

diarre

የራስ ምታት

dhimbje koke

ካንሰር

kancer

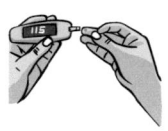

የስኳር በሽታ

diabet

ቀዶ ጠጋኝ ሐኪም

kirurg

የቀዶ ጥገና ስለት

bisturi

ቀዶ ጥገና

operacion

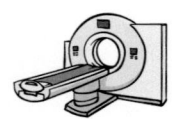

ሲቲ

CT (skaner)

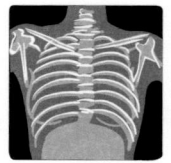

ኤክስሬዩ

radiografi

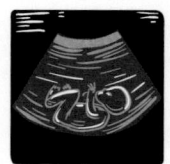

አልትራሳዉንድ

ultratingull

የፊት ጭምብል

maskë fytyre

በሽታ

sëmundje

መጠበቂያ ክፍል

dhomë pritjeje

ምርኩዝ

paterica

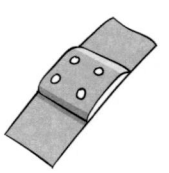

የቁስል ማሸጊያ

leukoplast

ፋሻ

fasho

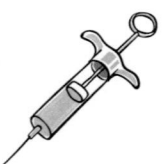

መርፌ

injeksion

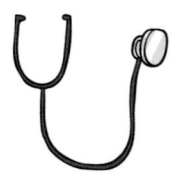

የልብ ምት ማዳመጫ መሳሪያ

stetoskop

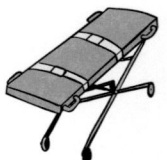

የበሽተኛ አልጋ

barelë

የህክምና ሙቀት መለኪያ መሳሪያ

termometër

መውለድ

lindje

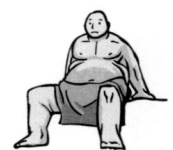

ከልክ ያለፈ ክብደት

mbipeshë

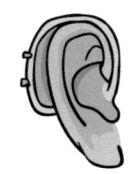

ለመስማት የሚረዳ መሳሪያ

aparat dëgjimi

ፀረ ተባይ መድሀኒት

dezinfektant

ማመርቀዝ

infeksion

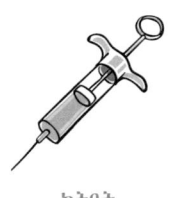

ቫይረስ

virus

ኤች አይቪ ኤድስ

HIV / AIDS

ህክምና

mjekësi, mjekim

ክትባት

vaksinim

ኪኒን

tableta

ኪኒን

pilulë

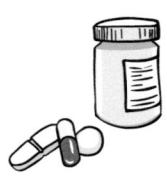

አስቸኳይ የስልክ ጥሪ

telefonatë emergjence

ደም ግፊት መቆጣጠሪያ

aparat tensioni

ህመም/ ጤንነት

i sëmurë / i shëndetshëm

ድንገተኛ

emergjencë

እርዳታ!

Ndihmë!

ማንቂያ ደወል

alarm

ጥቃት

sulm

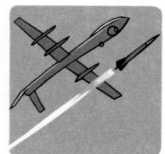

ድብደባ

atak

አደጋ

rrezik

የድንገተኛ መዉጫ

dalje emergjence

እሳት!

Zjarr!

እሳት ማጥፊያ

fikëse zjarri

አደጋ

aksident

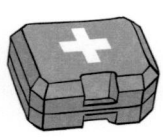

የመጀመሪያ እርዳታ መድሃኒት መያዣ

kuti e ndimës së shpejtë

ነፍስ አድን

SOS

ፖሊስ

policia

መድር

toka

አዉሮፓ

Europa

ሰሜን አሜሪካ

Amerika e Veriut

ደቡብ አሜሪካ

Amerika e Jugut

አፍሪካ

Afrika

እስያ

Azia

አዉስትራሊያ

Australia

አትላንቲክ

Atlantiku

ፓስፊክ

Paqësori

የህንድ ዉቅያኖስ

Oqeani Indian

አንታርክቲክ ዉቅያኖስ

Oqeani Antarktik

አርክቲክ ዉቅያኖስ

Oqeani Arktik

ሰሜን ዋልታ

Poli i veriut

ምድር - toka

77

ደቡብ ዋልታ
Poli i Jugut

አንታርክቲካ
Antarktida

ምድር
toka

መሬት
tokë

ባህር
det

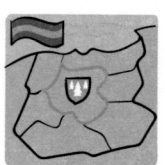

ደሴት
ishull

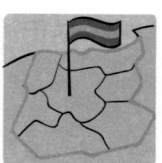

አገርና ህዝብ
komb

መንግስት
shtet

ሰዓት

orë

የሰዓት ገፅታ

fusha e orës

ሰዓት

akrepi i orës

ደቂቃ

akrepi i minutave

ሴኮንድ

akrepi i sekondave

ስንት ሰዓት ነው?

Sa është ora?

ቀን

ditë

ጊዜ

kohë

አሁን

tani

የቁጥር ሰዐት

orë dixhitale

ደቂቃ

minutë

ሰዓታት

orë

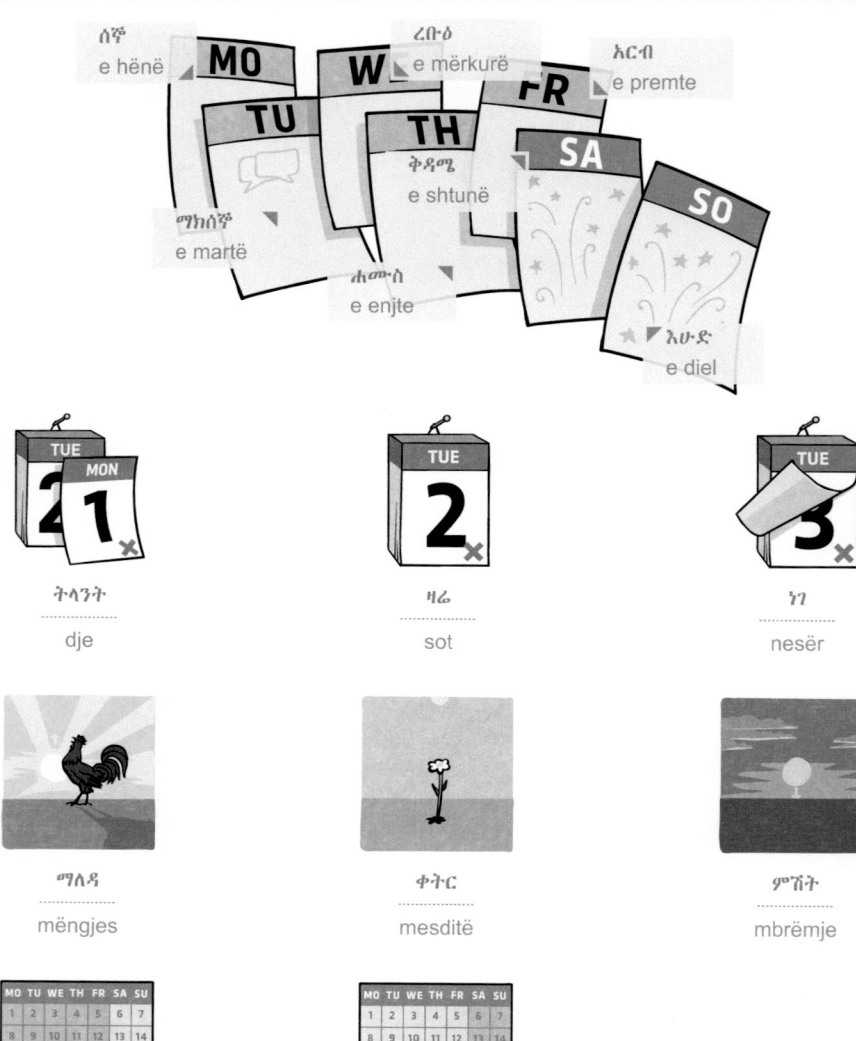

ሰኞ
e hënë
MO
TU
W
ረቡዕ
e mërkurë
FR
አርብ
e premte
TH
ቅዳሜ
e shtunë
SA
SO
ማክሰኞ
e martë
ሐሙስ
e enjte
እሁድ
e diel

ትላንት

dje

ዛሬ

sot

ነገ

nesër

ማለዳ

mëngjes

ቀትር

mesditë

ምሽት

mbrëmje

MO TU WE TH FR SA SU

የስራ ቀናት

ditë pune

MO TU WE TH FR SA SU

የዕረፍት ቀናት

fundjavë

ዓመት

vit

ዝናብ
shi
ቀስተ ዳመና
ylber
ጥጥ የሚመስል አመዳይ በረዶ
borë
ere
ፀደይ
pranverë
በጋ
verë
መኸር
vjeshtë
ክረምት
dimër

የአየር ሁኔታ ትንበያ

parashikimi i motit

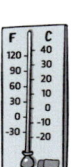

የሙቀት መለኪያ

termometër

የፀሀይ ሙቀት

ndriçim dielli

ደመና

re

ጭጋግ

mjegull

እርጥበታማነት

lagështi

መብረቕ

vetëtima

ነጎድጓድ

gjëmim

አዉሎ ንፋስ

stuhi

የበረዶ ዝናብ

breshër

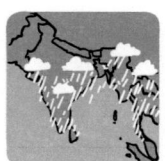

አዉሎ ንፋስ

muson

ጎርፍ

përmbytje

በረዶ

akull

ጥር

janar

የካቲት

shkurt

መጋቢት

mars

ሚያዚያ

prill

ግንቦት

maj

ሰኔ

qershor

ሐምሌ

korrik

ነሀሴ

gusht

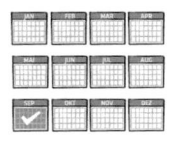

መስከረም

shtator

ጥቅምት

tetor

ህዳር

nëntor

ታህሳስ

dhjetor

ቅርፆች

forma

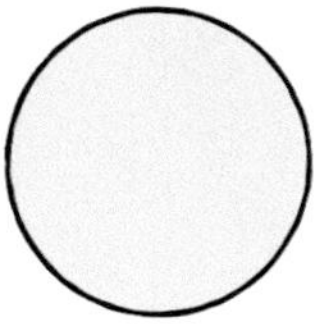

ክብ

rreth

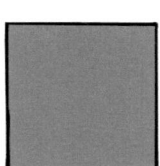

አራት ማዕዘን

katror

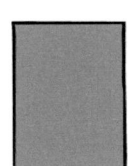

አራት ቀጥተኛ ማዕዘኖች ጎኖች ያሉት ቅርፅ

drejtkëndësh

ሶስት ማዕዘን

trekëndësh

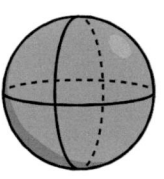

ሉል

sferë

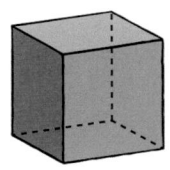

ስድስት ጎን ያለዉ ቅርፅ

kub

ቀለማት

ngjyra

ነጭ

e bardhë

ቢጫ

e verdhë

ብርቱካናማ

portokalli

ሮዝ

rozë

ቀይ

e kuqe

ወይን ጠጅ

vjollcë

ሰማያዊ

blu

አረንጓዴ

e gjelbër

ቡኒ

kafe

ግራጫ

gri

ጥቁር

e zezë

ተቃራኒዎች

të kundërta

ብዙ/ ጥቂት

shumë / pak

ንዴት/ እርጋታ

i nevrikosur / i qetë

ቆንጆ/ አስቀያሚ

i bukur / i shëmtuar

ጅማሬ/ ፍፃሜ

fillim / fund

ትልቅ/ ትንሽ

i madh / i vogël

ደማቅ/ ደብዛዛ

i ndritshëm / i errët

ወንድም/ እህት

vëlla / motër

ንፁህ/ ቆሻሻ

e pastër / e pistë

የተሟላ/ ያልተሟላ

e plotë / jo e plotë

ቀን/ ምሽት

ditë / natë

የሞተ/ ህያዉ

gjallë / vdekur

ሰፊ/ ጠባብ

i gjerë / i ngushtë

የሚበላ/ የማይበላ

i ngrënshëm / i pangrënshëm

ክፉ/ ደግ

i keq / i këndshëm

ደስተኛ/ ድብርተኛ

i lumtur / i mërzitur

ወፍራም/ ቀጭን

i shëndoshë / i dobët

መጀመርያ/ መጨረሻ

e para / e fundit

ጓደኛ/ ጠላት

mik / armik

ሙሉ/ ጎዶሎ

plot / bosh

ጠንካራ/ ለስላሳ

e fortë / e butë

ከባድ/ ቀላል

e rëndë / e lehtë

ረሃብ/ ጥማት

uri / etje

ህመም/ ጤንነት

i sëmurë / i shëndetshëm

ህገወጥ/ ህጋዊ

e paligjshme / e ligjshme

ጎበዝ/ ደደብ

i zgjuar / budalla

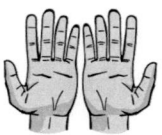

ግራ/ ቀኝ

majtas / djathtas

ቅርብ/ ሩቅ

afër / larg

አዲስ/ አሮጌ

e re / e përdorur

ምንም/ የሆነ ነገር

asgjë / diçka

ሽማግሌ/ ወጣት

i moshuar / i ri

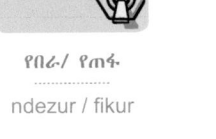

የበራ/ የጠፋ

ndezur / fikur

ክፍት/ ዝግ

hapur / mbyllur

ፀጥታ/ ጫጫታ

i qetë / i zhurmshëm

ሃብታም/ ደሃ

i pasur / i varfër

ትክክለኛ/ የተሳሳተ

e drejtë / e gabuar

ሻካራ/ ለስላሳ

i ashpër / i butë

ሐዘን/ ደስታ

i mërzitur / i lumtur

አጭር/ ረዥም

i shkurtër / i gjatë

ዝግተኛ/ ፈጣን

ngadalë / shpejt

እርጥብ/ ደረቅ

i lagësht / i thatë

ሞቃት/ ቀዝቃዛ

ngrohtë / freskët

ጦርነት/ ሰላም

luftë / paqe

ቁጥሮች

numra

0

ዜሮ

zero

1

አንድ

një

2

ሁለት

dy

3

ሶስት

tre

4

አራት

katër

5

አምስት

pesë

6

ስድስት

gjashtë

7

ሰባት

shtatë

8

ስምንት

tetë

9

ዘጠኝ

nentë

10

አስር

dhjetë

11

አስራ አንድ

njëmbëdhjetë

12

አስራ ሁለት

dymbëdhjetë

13

አስራ ሶስት

trembëdhjetë

14

አስራ አራት

katërmbëdhjetë

15

አስራ አምስት

pesëmbëdhjetë

16

አስራ ስድስት

gjashtëmbëdhjetë

17

አስራ ሰባት

shtatëmbëdhjetë

18

አስራ ስምንት

tetëmbëdhjetë

19

አስራ ዘጠኝ

nentëmbëdhjetë

20

ሃያ

njëzetë

100

መቶ

qind

1.000

ሺህ

mijë

1.000.000

ሚሊዮን

milion

ቋንቋዎች

gjuhët

እንግሊዝኛ

anglisht

የአሜሪካ እንግሊዝኛ

anglishte amerikane

የቻይና ማንዳሪን

kinezisht mandarin

ሂንዱ

hindi

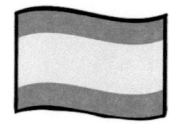

ስፓኒሽ

spanjisht

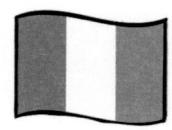

ፍሬንች

frëngjisht

አረብኛ

arabisht

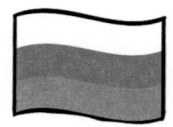

ራሺያኛ

rusisht

ፖርቱጊዝ

portugalisht

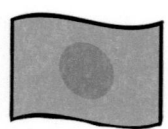

ቤንጋሊ

bengalisht

ጀርመን

gjermanisht

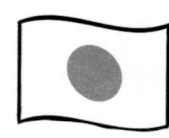

ጃፓንኛ

japonisht

ማን/ ምን/ እንዴት
kush / çfarë / si

እኔ

unë

አንተ

ti

እሱ/ እርሷ/ እቃዉ

ai / ajo

እኛ

ne

አንተ

ju

እነርሱ

ata

ማን?

kush?

ምን?

çfarë?

እንዴት?

si?

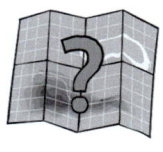

የት?

ku?

መቼ?

kur?

ስም

emër

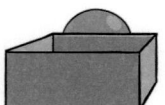

የት

ku

በስተጀርባ

pas

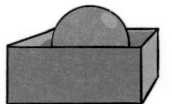

ዉስጥ

në

ከፊት ለፊት

përballë

ከላይ

sipër

ላይ

mbi

ከስር

poshtë

አጠገብ

pranë

መሃከል

midis

ቦታ

vend